Die mittelalterliche Stadt

Truus Visser - van den Brink

Ars Scribendi Verlag

Titelbild
Die mittelalterliche Stadt Rothenburg ob der Tauber.

0 / 16

ISBN 978-94-6341-608-5

Kontaktieren Sie **lektorat@coronalesen.de** oder besuchen Sie: **www.coronalesen.de**
Fragen zu den Veröffentlichungen von Corona Lesen richten Sie bitte an den Herausgeber. Der Herausgeber übernimmt keine Verantwortung für Fehler oder Missverständnisse.

Mehr Informationen über unser Programm finden Sie auf **www.coronalesen.de**

Bestellen können Sie über unsere Webseite oder über den (Online-)Buchhandel.

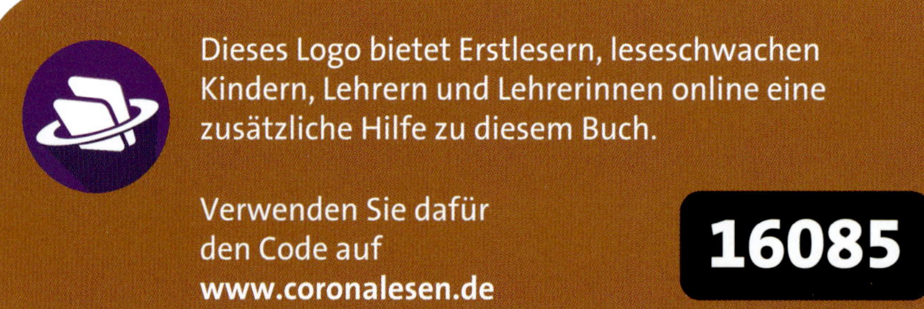

Inhaltsverzeichnis

1 Schweine auf der Straße

Pass auf! Zum Glück, gerade noch rechtzeitig zur Seite gesprungen. Über deinem Kopf kippt eine Frau den Inhalt eines Topfes aus dem Fenster. Ein Schwall Urin schwappt neben dir in den Sand. Pfui, das stinkt! Ein Schwein kommt grunzend vorbei und gräbt sich quer durch den Schmutz.

In mittelalterlichen Städten lebten die Tiere normalerweise auf der Straße, die aus Sand bestand. Die Häuser waren dicht beieinander gebaut. Es gab kein fließendes Wasser, also auch keine Dusche oder Toilette. Die Menschen schütteten ihren Kot und ihren Urin nach draußen in die **Gosse.** Das war ein langer Kanal, der in einen Fluss führte. Der Hausmüll wurde ebenfalls einfach auf die Straße und in die Gosse geworfen.

Und das Flusswasser? Damit wuschen die Menschen sich selbst und ihre Kleidung. Sie nutzten das Wasser auch zum Kochen. Da ist es

Stelle dir vor, du würdest hier entlanglaufen ...

kein Wunder, dass die Menschen zu der Zeit schnell krank und auch nicht sehr alt wurden. Einige wurden nicht älter als dreißig Jahre.

Früher und heute

Bei dir zu Hause kommt das Wasser aus dem Hahn. Du kannst dich jeden Tag warm duschen. Und es gibt eine Toilette. Den Müll wirfst du in eine Tonne. Und auf dem Weg zur Schule begegnest du wahrscheinlich keinen Schweinen und Hühnern auf der Straße. Wie anders ist das Leben heute als das Leben im Mittelalter! Das Mittelalter umfasst eine Zeitspanne, die einige Jahrhunderte zurückliegt. Ein Jahrhundert sind 100 Jahre. Das Mittelalter dauerte rund 1 000 Jahre, von 500 bis 1500 n. Chr. In dieser Zeit ist natürlich viel passiert.

die fünf Phasen des Mittelalters

2 Städte entstehen

Im Frühmittelalter gab es nach und nach immer mehr Städte. Das Land war in mehrere Gebiete aufgeteilt, in denen ein Graf, Herzog oder Bischof herrschte. Die Bauern arbeiteten auf dem Land nahe einer Burg und standen im Dienst des Burgherrn.

Burgen, Häuser und Bauernhöfe lagen meistens weit voneinander entfernt. Es gab keine Geschäfte. Die Händler zogen umher, um ihre Sachen zu verkaufen. So einen Händler nannte man auch **Hausierer.** Er verkaufte Scheren, Bänder, Knöpfe, Pfannen und vieles mehr. Auch andere Menschen reisten durch das Land, auf einem Pferd oder mit einer Pferdekutsche.

Das Reisen war nicht angenehm. Die Wege waren schlecht und im Winter war es sehr kalt. Regelmäßig trieben Räuberbanden ihr Unwesen. Dann flüchteten die Menschen ins **Kloster** oder in die Burg. Ein Kloster ist ein großes Gebäude, in dem auch heute noch

ein Dorf im frühen Mittelalter

Mönche und Nonnen wohnen. Auch einige Händler schliefen in Klöstern und Burgen. Das gab ihnen ein gutes Gefühl. Hinter den dicken Mauern waren sie sicher.
Außerdem wurden Klöster und Burgen oft an einem wichtigen Weg oder einem Fluss errichtet. Dort kamen viele Menschen entlang. Oder es fuhren Schiffe mit Handelswaren vorbei. An so einer Stelle entstand eine Art Markt. Die Händler bauten Häuser in der Nähe des Marktes und eröffneten eigene Geschäfte, wie eine Schusterei. So bildeten sich kleine Dörfer bei den Klöstern und Burgen.

Vom Dorf zur Stadt

Immer mehr Menschen kamen, um in dem Dorf zu wohnen. Das Dorf wurde größer und größer. Nach und nach wurde so eine Stadt daraus. Manchmal entstand eine **Handelsstadt,** in der viele Händler wohnten und arbeiteten. Ein paar bedeutende Männer übernahmen die Regierung in der Stadt und verwalteten sie.

Viele Dörfer entwickelten sich nach dem Jahr 1000 n. Chr. zu Städten.

Viele Stadtverwaltungen wollten nach einiger Zeit ihr eigener Herr sein. Der Landsherr war damit oft einverstanden, allerdings im Austausch gegen viel Geld. Dann gab er der Stadt das **Stadtrecht.** Die Stadtverwaltung konnte nun eigene Entscheidungen treffen. Jeder in der Stadt musste sich an die Regeln halten. Es wurden ein Rathaus, ein Gerichtsgebäude und eine große Kirche mit einem Innenhof gebaut. Je schöner und höher die Kirche, desto reicher war die Stadt.
Das Stadtrecht zu besitzen, bedeutete aber auch, dass der Landsherr die Stadt nicht länger vor Feinden beschützte. Das musste die Stadtverwaltung nun selbst in die Hand nehmen. Um die Stadt wurde eine hohe Mauer aus Steinen mit einem großen Tor errichtet. Das bewachten einige Soldaten. Die Torwächter gaben auf alle Acht, die die Stadt betraten und sie verließen.

3 Wohnen in einer mittelalterlichen Stadt

Am Tor war immer viel los. Die Bauern kamen mit Karren voller Handelswaren zum Markt. Andere Menschen arbeiteten außerhalb der Stadt auf dem Land. Die Händler reisten von Stadt zu Stadt. Wenn es dunkel wurde, läuteten die Torwächter eine Glocke. Das war das Zeichen, dass das schwere Tor geschlossen wurde. Wer sich noch draußen vor dem Tor befand, hatte Pech gehabt.

Arme Menschen

In einer mittelalterlichen Stadt gab es mehr arme als reiche Menschen. Die armen Menschen wohnten in kleinen Häusern aus Holz. Das Holz war preiswert. Oft hatten die Häuser nur einen Raum, in dem die ganze Familie wohnte und schlief.
Gekocht wurde auf einer Feuerstelle, meistens eine Suppe aus Kohl oder Bohnen, manchmal auch mit einem kleinen Stück Fisch. An jedem Tag aß man Brei und Brot. Die Menschen nutzten Teller und Becher aus Ton. Als Besteck hatten sie einen Löffel aus Holz.
Die Frauen webten Stoffe, aus denen sie Kleidung anfertigten: eine Art Strumpfhose und ein weites Hemd für die Männer, und für die Frauen und Mädchen einen einfachen langen Rock und eine Bluse. Einen vollen Kleiderschrank hatten sie nicht, aber einige hatten alles zumindest zweimal. Manche Menschen waren sogar so arm, dass sie gar kein Haus hatten. Sie lebten auf der Straße, sie waren „bettelarm".

Möchtest du einmal nachempfinden, wie Menschen im Mittelalter gelebt haben? Dann besuche das mittelalterliche Dorf Steinrode (Hann. Münden, Niedersachen). Dort darfst du zum Beispiel wie damals Wasser holen und Holz zum Kochen sammeln, im Kräutergarten arbeiten oder einem Handwerk nachgehen.

Reiche Menschen

Alle wichtigen Gebäude einer Stadt wurden aus Stein gebaut, zum Beispiel die Kirche und das Rathaus. Aber auch die Häuser der Reichen waren aus Stein. Daher kommt die Redewendung „steinreich sein“. Reiche Menschen besaßen Geschirr aus Porzellan. Sie aßen Gemüse, Fisch und Fleisch. Manchmal gab es auch Früchte wie Äpfel oder Beeren. Daraus wurde Mus gemacht. Zu jener Zeit dachten die Menschen, dass rohes Obst nicht gesund sei.
Reiche Frauen kauften Kleider aus teuren Stoffen, schöne Hüte und Kopftücher bei einem Schneider. Reiche Männer trugen Strumpfhosen und lederne Stiefel, ein Seidenhemd und einen schönen Umhang.

Es brennt in der Stadt

Im Mittelalter gab es noch keine Elektrizität. Die Menschen zündeten abends Kerzen an. Die armen Menschen waren sparsam mit Kerzen. Deshalb gingen sie zu Bett, wenn es dunkel wurde. Gefährlich wurde es, wenn jemand vergaß, die Kerzen auszupusten. Das war ein großes Unglück, denn die Holzhäuser fingen sehr schnell Feuer.
Aus diesem Grund lief ein **Nachtwächter** durch die Straßen. Er kontrollierte nachts, ob irgendwo ein Brand ausbrach. Wenn er einen bemerkte, schlug er sofort Alarm. Alle Dorfbewohner holten Wasser aus dem Fluss in Eimern herbei. Das ging aber nicht so schnell und oft war es bereits zu spät. In der Stadt Lübeck wütete beispielsweise innerhalb eines Jahrhunderts (1157, 1251, 1276) gleich dreimal ein großes Feuer, das Lübeck zu einem Großteil zerstörte. Danach baute man die Häuser nicht mehr aus Holz.

4 Arbeiten in einer mittelalterlichen Stadt

Die Menschen in einer Stadt hießen **Städter.** Sie wohnten innerhalb der Stadtmauern. Viele Städter waren **Handwerksleute.** Sie fertigten mit ihren Händen Gegenstände an, um diese zu verkaufen.
Der Weber webte schöne Stoffe, der Korbmacher flocht Körbe aus Weidenruten und der Bäcker backte das Brot.
Handwerksleute waren Teil einer **Gilde.** Das war eine Gruppe Menschen, die denselben Beruf ausübten. Es gab zum Beispiel die Metzger-Gilde und die Tischler-Gilde. Die Gildenmitglieder achteten darauf, dass der Handel ehrlich ablief. Handwerksleute arbeiteten sehr hart und verdienten nicht viel.
Bei reichen Bürgern war das anders. Reiche Frauen hatten Personal, das für sie die ganze Arbeit verrichtete: den Haushalt, das Kochen, die Wäsche und noch vieles andere. Eine Dame ging mit ihren Freundinnen sticken. Sie war aber die Herrin über ihr Personal. Die reichen Männer waren Kaufleute oder Edelleute, gehörten also zum **Adel.** Sie stammten aus reichen, meistens auch mächtigen Familien. Die Kaufleute verdienten viel Geld mit dem Handel von Waren.

In dieser Straße arbeiteten Männer, die zur Gilde der Bierbrauer gehörten. Beim Essen wurde meistens Bier getrunken. Auch Kinder tranken Bier, denn sauberes Trinkwasser gab es selten. In vielen Städten findest du heute eine Bierbrauer-Gasse oder eine Brauer-Straße.

Bestrafung, jeder konnte es sehen

In einer Stadt liefen auch Verbrecher herum. Sie stahlen zum Beispiel ein Huhn oder einen Laib Brot. Oder sie raubten das Geld reicher Bürger. Wer dabei erwischt wurde, erhielt eine Strafe. Sogenannte **Schultheißen und Schöffen** entschieden über die Strafen. Sie leiteten die Stadt und waren eine Art Richter. Kaum ein Verbrecher kam ins Gefängnis, denn das war zu teuer. Gefangene mussten schließlich auch mit Essen versorgt werden.
Im Mittelalter galten andere Strafen als heute. Hattest du etwas mit deinen Händen gestohlen? Dann schnitt man dir die Hand oder die Finger ab. Hattest du jemanden mit der Peitsche geschlagen? Dann wurdest du selbst ausgepeitscht oder du wurdest der Stadt verwiesen. Das war eine schwere Strafe, da keine andere Stadt Verbrecher einlassen würde. Eine weniger schwere Strafe war der **Pranger.** Mitten auf dem Marktplatz wurde der Verbrecher für einige Stunden daran festgebunden, wenn er sich geprügelt hatte oder betrunken durch die Straßen gelaufen war. Die schlimmste Strafe gab es für einen Mord. Dann wurde der Täter gehängt. Er wurde also mit seinem eigenen Tod bestraft.

Die ganze Stadt konnte sehen, dass dieser Mann etwas Falsches getan hatte. Jeder durfte ihm gemeine Dinge zurufen oder ihn mit verdorbenen Essensresten bewerfen.

5 Märkte und Feste

Fast jeden Tag gab es einen Markt in der Stadt. Und ein- oder zweimal im Jahr wurde ein großes Fest veranstaltet, wie das Erntefest oder ein großer Jahrmarkt. Von überall kamen dann Menschen in die Stadt, um etwas zu kaufen oder zu verkaufen. Andere wollten dort Musik machen oder die Menschen zum Lachen bringen.

Auf dem Marktplatz war viel los. Ein **Troubadour** sang Lieder über die Liebe und erzählte unterhaltsame oder spannende Geschichten. Er reiste von Stadt zu Stadt.

Lustig angezogene Männer, die sogenannten **Narren,** zeigten verrückte Kunststückchen. Wer konnte die meisten Bälle jonglieren? Wer hackte am schnellsten Holz? Wer konnte ein großes Schwein mit nur einer Hand einfangen? Die Gewinner erhielten tosenden Applaus und ein Huhn oder ein Schwein als Belohnung.

Ein mittelalterlicher Jahrmarkt bedeutete viel Trubel.

6 Beim Arzt

Den Markt besuchte auch ein Wanderarzt, wobei er gar kein richtiger Arzt war. Oft war er ein **Quacksalber.** Er tat also nur so, als wäre er ein Doktor, und verschrieb allerlei Tränke und Pillen. Er verteilte auch Salben zum Beispiel aus Mauerasseln oder aus getrockneten Fröschen. Dafür verlangte er sehr viel Geld. Die Menschen glaubten seinem Geschwätz und kauften seine Tränke und Pillen ohne Wirkung.
In fast jeder Stadt lebte auch ein richtiger Arzt. Aber im Mittelalter wussten die Ärzte noch nicht so viel wie heute.

Auf einem Jahrmarkt konnten die Menschen auch zu einem „Zahnbrecher". Das war jemand, der ihnen kaputte Zähne zog. Dafür brauchten die Menschen viel Mut, denn die Zähne wurden ohne Betäubung gezogen.

Kranke wurden im Mittelalter zunächst zu Hause versorgt oder bei den Nonnen in einem Kloster. Später gab es besondere Hospitäler, in denen die Kranken gepflegt wurden. Ein Hospital war so etwas wie ein Krankenhaus. Einige Krankenhäuser in der heutigen Zeit haben den Namen von früher noch behalten, zum Beispiel das St. Franziskus-Hospital in Köln.

Der schwarze Tod, eine grausige Krankheit

Die meisten Menschen wuschen sich nicht so häufig. In einigen Städten gab es zwar Badehäuser, aber die waren nur für die reichen Menschen. Arme Menschen wuschen sich hin und wieder in einer Wanne. Sie trugen ihre Kleidung jeden Tag.
Fast jeder hatte Ärger mit Läusen und Flöhen. Vor allem die Flöhe von Ratten waren sehr gefährlich. Denn sie übertrugen die **Pest** auf die Menschen. Das war eine sehr **ansteckende** Krankheit, die sich im Mittelalter oft ausbreitete.

Der Pestarzt versorgte die Menschen, die an der Pest litten. Er trug eine Schnabelmaske, um sich vor einer Ansteckung zu schützen. Dadurch kam der Arzt dem Patienten nicht so nah. Außerdem waren in der Maske Duftstoffe, die vor der Pest schützen sollten.

Ansteckend bedeutet, dass eine Krankheit leicht an andere weitergegeben werden kann. Die Menschen, die an der Pest erkrankten, litten an schwarzen, eitrigen Beulen. Sie waren schwer krank. Millionen von Menschen starben daran. Die Krankheit wird deshalb auch „Der schwarze Tod“ genannt. Wenn jemand die Pest hatte, blieben die anderen auf Abstand. Selbst Familienangehörige ließen einen im Stich. Die Häuser von Erkrankten wurden mit einem Kreuz gekennzeichnet.

7 Kirche und Schule

Im Mittelalter ging fast jeder in die Kirche. Die Menschen gehörten zur römisch-katholischen Kirche. Die Kirche hatte viel Macht. Die Priester sagten den Menschen, wie sie leben sollten. Sie lasen ihnen aus der Bibel vor. Aber was die Priester sagten, entsprach nicht immer der Wahrheit. Zum Beispiel behaupteten sie, dass Gott den Menschen ihre Sünden vergab, wenn sie der Kirche Geld gaben. Das steht nicht in der Bibel, aber das wussten die Menschen nicht. Sie konnten nicht lesen oder schreiben, sie waren also **Analphabeten.** Die Menschen gaben der Kirche deshalb viel Geld und die Kirche wurde so immer reicher.

Kinder

Die meisten Kinder in einer mittelalterlichen Stadt arbeiteten. Einige begannen schon im Alter von sechs oder sieben Jahren zu arbeiten. Die Jungen halfen im Betrieb ihres Vaters oder sie lernten

Der Maler Pieter Bruegel malte mittelalterliche Kinder beim Spielen. Erkennst du einige Spiele?

ein anderes Handwerk. Zuerst waren die Jungen ein paar Jahre lang sogenannte Knechte. Sie mussten zum Beispiel in einer Schreinerei die Holzspäne zusammenfegen oder bei einem Schuster die Schuhe putzen. Die Mädchen halfen im Haushalt zu Hause oder arbeiteten für eine reiche Frau. Die Kinder verdienten nicht viel, aber ihre Familien konnten jede Münze mehr gebrauchen.

In der Schule

Ab dem Jahr 1200 n. Chr. gingen Kinder zur Schule, aber nur die Kinder aus reichen Familien. Außerdem waren es vor allem die Jungen. Die Schule befand sich in einem Kloster. Die Priester gaben den Unterricht. Die Jungen lernten neben Deutsch auch Latein. Das war damals die Sprache der Bibel. Fast der gesamte Unterricht handelte von der Bibel und der Kirche.

Im Spätmittelalter durften dann auch Mädchen in die Schule gehen. Sie hatten bei Nonnen Unterricht. Noch später gab es auch Schulen für die Kinder aus Handwerkerfamilien. Aber viele Kinder mussten weiterhin für ihre Eltern arbeiten. Die Eltern konnten nicht auf das zusätzliche Geld verzichten.

8 Alte Städte in Deutschland

Warst du schon einmal in der Stadt Köln? Vielleicht warst du ja auch bereits in Hamburg, Nürnberg oder Aachen. Oder aber in einer anderen Stadt, die im Mittelalter entstanden ist. In vielen der Städte kannst du die alten Stadttore und Mauern noch sehen. Sie sind demnach mehr als 800 Jahre alt.

Früher begann eine Stadt am Stadttor. Heute sind Städte viel größer. Die meisten Häuser stehen außerhalb der ehemaligen Stadtmauern. Das ist Rothenburg ob der Tauber in Bayern.

Spuren von früher

Es gibt viele alte Städte in Deutschland. Zu den ältesten Städten gehören unter anderem Trier und Bonn. Sie haben ihren Ursprung in einem ehemaligen Römerlager. Durch alte Städte zu laufen, ist sehr spannend. Man kann heute noch viel von früher sehen, wie ein altes Rathaus, eine große Kirche oder alte Kanäle mit steinernen Brücken. Auch der große Marktplatz in der Mitte einer Stadt ist oft erhalten. Es gibt sogar noch Häuser aus dem Mittelalter. Einige Fachwerkhäuser stammen zum Beispiel aus der Zeit.
In manchen Städten findet man Museen über das Leben im Mittelalter. Besuche doch einmal das Kindermuseum *Adlerturm* in Dortmund oder das Schloss *Burg* in Solingen. Dort erfährst du etwas über Rüstungen und Waffen, Kleidung und Werkzeuge. So kannst du ein wenig nachempfinden, wie die Menschen früher gelebt haben.
Viele alte Gegenstände wurden im Boden gefunden, wie Töpfe, Werkzeuge, Münzen und andere Sachen. **Archäologen** haben diese Fundstücke ausgegraben. Ein Archäologe sucht im Boden nach Gegenständen von früher. Man kann aber auch anderes finden. 2018 fanden Archäologen in einer ausgegrabenen **Latrine** in Lübeck DNS-Spuren eines Mannes aus dem Mittelalter. Das Erstaunliche daran ist, dass dieser Mann ebenso eine Toilette in Bristol (England) benutzt haben muss. Dort hatte man dieselbe DNS gefunden. Es handelte sich also vermutlich um einen reisenden Kaufmann.

Glossar

Adel

Zum Adel gehörten die reichen und mächtigen Familien.

Analphabet

Jemand, der weder lesen noch schreiben kann.

ansteckend

Eine Krankheit, die zum Beispiel von einer Person auf eine andere übertragen wird. Die Pest ist eine ansteckende Krankheit.

Archäologe

Ein Wissenschaftler, der bei Ausgrabungen nach Überresten alter Zeiten sucht. So erfahren wir einiges über das Leben in der Vergangenheit.

Gilde

eine Gruppe von Menschen mit dem gleichen Beruf

Gosse

Eine Art Kanal, durch den der Kot und der Urin sowie der Abfall der Dorfbewohner in einen Fluss abgeleitet wurden.

Handelsstadt

Eine Stadt, in der Händler ihre Waren kauften und verkauften.

Handwerksleute

Menschen, die mit ihren Händen arbeiten. Sie flechten zum Beispiel Körbe, um diese zu verkaufen.

Hausierer

Ein Händler, der mit seinen Waren von Stadt zu Stadt zog und an der Haustür anbot.

Kloster

Ein großes Gebäude, in dem Mönche und Nonnen wohnen.

Latrine

eine frühere Toilette, meist aus Holz, ohne Toilettenspülung

Mönch

Ein Geistlicher, der in einem Kloster wohnt. Er hat sein Leben vollkommen Gott gewidmet. Frauen, die in einem eigenen Kloster wohnen, heißen Nonnen.

Nachtwächter

Ein Mann, der früher nachts durch die Straßen ging und überprüfte, ob alles in Ordnung war. Entdeckte er zum Beispiel einen Brand, schlug er Alarm.

Narr

Eine Art Clown, der die Menschen früher zum Lachen brachte.

Pest

Eine schlimme Krankheit, an der viele Menschen im Mittelalter starben. Es gibt verschiedene Arten der Pest. Im Mittelalter war die Beulenpest weit verbreitet.

Pranger

Ein Pfahl oder Ähnliches, an dem jemand festgebunden wurde, der eine geringe Straftat begangen hatte. Er durfte beschimpft und mit Essensresten beworfen werden.

Quacksalber

Jemand, der so tut, als sei er ein Arzt. Im Mittelalter gab es viele Quacksalber, die den Menschen Tränke und Salben teuer verkauften, obwohl sie keine Wirkung hatten.

Schultheißen und Schöffen

Die Männer, die früher eine Stadt leiteten. Sie waren auch als Richter tätig.

Städter

So nennt man die Bewohner einer Stadt.

Stadtrecht

Erhielt eine Stadt das Stadtrecht, war sie unabhängig und musste sich fortan selbst verwalten. Das Stadtrecht erhielt eine Stadt von einem Landherrn im Austausch für viel Geld.

Troubadour

Jemand, der umherreiste, sang und Geschichten erzählte.

Erfahre noch mehr

Möchtest du noch mehr über das Leben im Mittelalter erfahren? Dann schaue mal in diese Bücher oder besuche folgende Internetseiten:

Abenteuer Weltwissen – Mittelalter

Anne Scheller, BVK Buch Verlag Kempen 2014

Das Mittelalter. Die Welt der Kaiser, Edelleute und Bauern

Was ist was, Band 118, Andrea Schaller, Tessloff Verlag 2017

Wie war's früher? Kinder erzählen Weltgeschichte

Steve Noon, Dorling Kindersley Verlag 2017

www.kindernetz.de/infonetz/laenderundkulturen/mittelalter/-/id=312838/fvw3dn/index.html
Auf dieser Seite findest du verschiedene Informationen rund um das Thema „Mittelalter". Du findest zum Beispiel heraus, wie die Menschen lebten und welche Kleidung sie trugen.

www.br.de/kinder/mittelalter-kinder-geschichte-lexikon-100.html
Wenn du etwas über die Zeit des Mittelalters erfahren möchtest, kannst du hier nachschauen. Lies zum Beispiel nach, warum diese Zeit Mittelalter genannt wird.

www.geo.de/geolino/wissen/14769-rtkl-geschichte-hexenverfolgung-im-mittelalter
Das Mittelalter war auch die Zeit der Hexenverfolgung. Finde heraus, warum man an Hexen glaubte und was ihnen zu Unrecht vorgeworfen wurde.

Kennst du diese Bücher schon?

Suchst du nach einem neuen spannenden Thema?
Dann sind vielleicht diese Bücher für dich interessant.

Übersetzung + Lektorat:
Simone Mann & Christina Klüyken,
BVK Buch Verlag Kempen GmbH

Autor
Truus Visser - van den Brink

Redaktion
Ida Schuurman
Machtelt van Thiel

Design
Ars Scribendi Verlag, Medea Media (Cover)

Bilderfassung
Lineair Beeldresearch, Arnhem

Bilder
Shutterstock/S-F: Coverbild
Ton Koene/ANP Photo: S. 9
Pieter Breugel/AKG-Images: S. 17
Shutterstock/Olena Z: S. 18

Zeichnungen
Hilde van Craen, Hamont-Achel: S. 4, 6, 7, 11, 12, 13, 14, 15

4-8 Jahre

8+

10+